Pavla Hanáčková & Linh Dao

Warum Pinguine nicht frieren

Außergewöhnliche LEBENSKÜNSTLER in der NATUR

Loewe

Inhalt

ZU HAUSE IST ES AM SCHÖNSTEN

Auf unserem Planeten kann unter jedem Stein und in jeder Spalte Leben gefunden werden. Den Ort, der von einer bestimmten Tierart bewohnt wird, nennt man Habitat. Das ist auch der Ort, an dem diese Tiere nach Unterschlupf oder Futter suchen, eine Familie gründen oder ihre Jungen aufziehen. Die Bewohner sind hervorragend an die Bedingungen ihres Lebensraums angepasst. Kannst du dir vorstellen, dass ein Eisbär in der glühend heißen Wüste lebt? Was müsste er tun, um dort überleben zu können?

VON DER WÜSTE BIS INS EIS

Tiere gibt es überall: in Wüsten, wo es tagsüber extrem heiß und nachts bitterkalt ist; in dunklen Höhlen, in denen es pechschwarz ist; im seichten Wasser und am Meeresboden. Leben findet sich auf Berggipfeln und in eisig kalten Polarregionen. Komm mit auf eine Reise durch diese Regionen und lerne deren Bewohner kennen! ◂

ANDERE LÄNDER, ANDERE SITTEN

Ein Habitat bietet seinen Bewohnern nur das, was für sie **am besten und artgemäß** ist, seien es Pflanzen, Klima oder Steine. Das, was in einem bestimmten Habitat wächst und lebt, hat direkten Einfluss auf die Anzahl und Vielfalt der dortigen Bewohner. Auf dem Festland gibt es in tropischen Regenwäldern, wo es immer warm und feucht ist, die meisten Tierarten der Welt. Unter der Wasseroberfläche der Meere leben die meisten Tierarten in der Nähe von Korallenriffen. ▸

ICH WERDE SCHON IRGENDWIE DAMIT FERTIG

Wie kommt es, dass Pinguine im eisig kalten Winter der Antarktis überleben können? Ziehen sie einen Pullover an? Hat ein Kamel in der Wüste eine Flasche Wasser dabei, damit es etwas trinken kann, wenn es Durst bekommt? Nein! Egal, ob es kalt, heiß, dunkel oder hell ist, die Bewohner der Habitate **wissen**, **wie sie zurechtkommen**. ▲

WAS HAST DU FÜR LANGE HAARE!

Die Natur hat es eingerichtet, dass Tiere **so gut wie möglich ausgestattet sind**, **um in ihrem Lebensraum zurechtzukommen**. Einige werden von einem zottigen Fell oder einem dichten Federkleid geschützt, andere durch raffinierte Tarnung. Es gibt auch ein paar schlaue Tiere, die sich in einem selbst gebauten Unterschlupf verstecken, wenn schlechtes Wetter ist. Jede Art ist anders, aber der Grund dafür ist immer derselbe: Man passt sich so gut wie möglich an und macht sich dadurch das Leben einfacher. ▶

FRÜHER WAR ALLES ANDERS

Habitate verändern sich natürlich mit der Zeit, durch plötzliche Ereignisse wie zum Beispiel Erdbeben oder natürliche **Veränderungen** wiev Erosion. Aber von diesen Veränderungen sind nicht nur die Lebensräume selbst betroffen; auch deren Bewohner, die Tiere, stellen sich darauf ein. Die Tiere, die wir heute kennen, sind ganz anders als die, die sich vor über 400 Millionen Jahren auf dem Festland angesiedelt haben. ◀

WÜSTEN

HEIẞE, TROCKENE REGION

Unerträgliche Hitze, stechende Sonne, Sand, der einem die Füße verbrennt. Wo sind wir? Richtig, in der Wüste, einem der lebensfeindlichsten Orte der Erde. Kein Wasser in Sicht, nur sehr wenige Pflanzen, und wenn der Wind zu wehen anfängt, kann man davon ausgehen, dass innerhalb weniger Sekunden ein Sandsturm aufzieht. Wer wäre so verrückt, unter diesen Bedingungen zu leben?

WAS IST EINE WÜSTE?

Wüsten sind **unfruchtbare Regionen** mit trockenem Klima, extremen Temperaturen und **sehr wenig Regen**. Die Sonne brennt den ganzen Tag auf den Boden und lässt ihn richtig heiß werden! Am Tag können die Temperaturen 50° C übersteigen, während das Thermometer nachts auch einmal unter den Gefrierpunkt fällt. ▼

GEFAHREN DER WÜSTE

Die feindselige Umgebung ist nicht die einzige Gefahr, die in der **Wüste** lauert. Dort leben auch verschiedene Raubtiere oder giftige Kreaturen, die darauf warten, dass ihr Abendessen näher kommt. Wüstenbewohner müssen stets auf der Hut sein, wenn sie unverletzt entkommen wollen. Puuuh! ◀

WIE ÜBERLEBT MAN IN DER WÜSTE?

Wie können Tiere unter derart rauen Bedingungen überleben? Ganz einfach – sie passen sich den großen Temperaturschwankungen und dem Mangel an Wasser und Futter an. Außerdem gibt es in Wüsten auch Stellen, an denen viele Pflanzen gedeihen: die **grünen Oasen**, in denen es genügend Wasser gibt. ▼

TIERE SIND NICHT DIE EINZIGEN, DIE SICH ANPASSEN KÖNNEN

Auch Menschen kommen mit dem Leben in der Wüste zurecht. Allerdings brauchen sie dazu eine Bleibe, die sie vor dem Wüstenklima schützt. Egal, ob es ein fester Wohnsitz oder eine transportable Unterkunft ist, ihre Behausung schützt sie vor Hitze, Kälte, Wind und Regen. Auch Kleidung dient als Schutz, denn jeder, der sich von Kopf bis Fuß einhüllt, wird in der Wüste überleben können. ▼

ICH SCHAFF DAS SCHON

Wie entkommt man der brennenden Sonne? Ganz einfach – man verkriecht sich unter die Erde und geht nur in der Dunkelheit nach draußen, wenn es nicht mehr so heiß ist. Hast du dich schon einmal gefragt, warum Wüstentiere eine helle Haut oder helles Fell haben? Das liegt daran, dass helle Haut nicht so viel Hitze aufnimmt wie dunkle und dem Tier auch noch dabei hilft, sich optisch dem umgebenden Sand anzugleichen. ▼

WER SICH ANPASST, GEWINNT

Einige Tiere haben große Ohren, über die sie überschüssige Wärme abgeben können. Andere können aufgrund ihres Köperbaus oder ihrer Füße auf Sand gehen. Und wieder andere können sogar sehr lange ohne Wasser auskommen. Einige Pflanzen haben ungewöhnlich lange Wurzeln, mit denen sie unterirdische Wasservorkommen erreichen können, während andere in der Lage sind, über längere Zeit Flüssigkeit zu speichern. ▲

WÜSTENBEWOHNER

HITZELIEBHABER

FLUGHUHN

Die Männchen der Flughühner kann man mit einem Badeschwamm vergleichen. An ihrem Bauch befinden sich spezielle Federn, mit denen sie **Wasser aufsaugen** wie ein Schwamm. Daher können sie Wasser aus einer Oase oder einer Wasserstelle aufnehmen und zu ihren Jungen bringen, die dann die Flüssigkeit aus den Federn saugen. ▸

GERBIL

Dieses kleine Nagetier wohnt in **unterirdischen Höhlen**, die nicht nur geräumig, sondern auch wunderbar kühl sind. Da Gerbil ein braunbeiges Fell haben, gleichen sie sich optisch an ihre Umgebung an und sind gut getarnt, wenn sie sich nach draußen wagen. Über zu wenig Wasser brauchen sie sich keine Gedanken zu machen, denn sie können ihr Körperfett in Wasser umwandeln! ▸

FENNEK

Dieser zottige kleine Fuchs hat **große Ohren**, die wie ein **Wärmetauscher** funktionieren; sie verhindern dadurch Überhitzung. Bei der Jagd dienen die Ohren auch als eine Art drehbares Radar – sie orten die Beute, auch wenn sich diese unter der Erde versteckt. Fenneks haben behaarte Pfoten, die sie vor dem heißen Sand schützen, genau wie Schuhe. Und als wäre das noch nicht genug, können diese Tiere sehr lange ohne Wasser auskommen. ▾

DORNTEUFEL

Fragst du dich, wer dieses hübsche Tier ist? Dornteufel können ihre Stacheln sehr vielseitig einsetzen. Diese schützen nämlich nicht nur vor Angriffen anderer Tiere, sondern **sammeln auch Wasser** auf ihrem Rücken, wenn es regnet. Das Wasser fließt dann durch kleine Rillen in der Haut direkt ins Maul des Dornteufels. ▴

NEBELTRINKER-KÄFER – DER WÜSTENYOGI

Warum steht dieser Käfer auf dem Kopf? Ist er in der Bruthitze verrückt geworden? Nein, das ist die Art, wie er mit der Hitze fertigwird! Der Nebeltrinker-Käfer ist die Nacht über im Sand vergraben, aber wenn Nebelschwaden aufziehen, ist er im Nullkommanichts draußen und **sammelt Tau**. Um so viel wie möglich davon zu erwischen, streckt er sein Hinterteil in die Luft. Die Tautropfen fließen ihm geradewegs ins Maul. Was für ein kluger kleiner Kerl! ▸

AVICENNAVIPER

Die heißeste Zeit des Tages verbringt die Schlange **im Sand vergraben**. Wenn sie auf Beutefang ist, kann sie sich so gut tarnen, dass nur noch Augen und Nasenlöcher zu sehen sind. Nachts verlässt die Schlange ihr Versteck und bewegt sich fort, indem sie sich seitwärts durch den Sand windet. Das erleichtert das Vorwärtskommen und der Sand brennt dann nicht ganz so stark! ▴

KAMEL – DAS WÜSTENSCHIFF

Es ist allgemein bekannt, dass Kamele sehr lange ohne Wasser auskommen können. Im Gegensatz zu der weitverbreiteten Meinung speichern sie aber kein Wasser, sondern Fett in ihren Höckern. Allerdings können sie das gespeicherte Fett in Wasser und Energie umwandeln. Sie haben lange Wimpern, behaarte Ohren und verschließbare Nüstern; das alles schützt sie vor Sand. Selbst die Beine der Kamele sind so an die Wüste angepasst, dass sie nicht im feinen Sand versinken. Kamele sind für das Leben in der Wüste perfekt ausgerüstet, findest du nicht auch? ▸

BERGE

STEINERNE RIESEN

Berge, oder genauer gesagt Hochgebirge, gehören zu den unzugänglichsten Regionen der Erde. Je höher wir uns hinaufwagen, desto kleiner wird die Anzahl der Pflanzen, die wir finden können. Irgendwann gibt es dann nur noch Felsen, Eis und Schnee, so weit das Auge reicht. Trotzdem sind die Tiere dort an das Leben unter solchen Bedingungen angepasst.

NICHTS FÜR WEICHEIER

Die in den Bergen lebenden Tiere mögen scheu sein, da sie Gesellschaft nicht gewohnt sind, aber sie sind bestens an die dort herrschenden Bedingungen angepasst. Wie sonst lässt es sich erklären, dass man dort oben unter anderem Räuber, Insekten und Vögel antrifft? ◂

BERGE UND HOCHGEBIRGE

Ein ganzes Fünftel der Erde ist von hohen Gebirgszügen bedeckt. Das ist eine ganze Menge, findest du nicht auch? Nur selten setzt ein Mensch seinen Fuß dorthin. Niemand kann dauerhaft auf **Berggipfeln** leben, was auch der Grund dafür ist, dass Tiere nur in niedriger liegenden Regionen zu finden sind. Aber auch dann ist das Leben kein Zuckerschlecken! Deshalb kann man die dort heimischen Tiere als ziemlich zäh bezeichnen. ▾

GEFAHR IN DEN BERGEN

Manche Gebirge sind über 8.000 m hoch und mit ewigem Eis bedeckt. Auf den Gipfeln ist es bitterkalt. Eine große Gefahr sind Lawinen oder Schneemassen, die an den Hängen herabrutschen. Eine Lawine kann bis zu 400 km/h schnell werden und alles zerstören, was auf ihrem Weg liegt. ▴

ICH KOMME ZURECHT

Schutzfärbung schützt und tarnt Tiere, damit sie so gut wie möglich mit ihrer Umgebung verschmelzen können. Das hilft ihnen dabei, etwas zu fressen zu finden. Die Tiere können sich auch in steilem Gelände sehr gut fortbewegen. Ihr zottiges Fell schützt sie vor der Kälte. ▲

LEBEN IN DEN BERGEN

Das Leben **am Fuß steiler Berge** erfordert die richtige Kletterausrüstung: Kräftige Zehen, Pfoten oder Hufe und vor allem Furchtlosigkeit – jemand, der nicht schwindelfrei ist, würde hier nicht überleben. Außerdem ist es ganz nützlich, wenn man ein dickes Fell und scharfe Augen hat. Alle, die während des Winters nicht in höher gelegenen Regionen überleben können, steigen in tiefer gelegene Gebiete ab und kehren erst zurück, wenn das Wetter milder wird. ▼

BERGVÖLKER

Menschen, die es gewohnt sind, in großer Höhe zu leben, haben kein Problem damit, auf hohe Berge zu steigen. **Sherpas** zum Beispiel sind bei Bergexpeditionen hilfreich, da sie Wege vorbereiten und Lager aufschlagen. Wenn andere Menschen den Gipfel eines Achttausenders erklimmen möchten, müssen sie sich jedoch entsprechend vorbereiten und ihrem Körper erlauben, sich langsam an die neue Höhe zu gewöhnen, sonst kann es leicht zu einer Tragödie kommen. ▲

BERGBEWOHNER

MIT DEM KOPF IN DEN WOLKEN

SCHNEELEOPARD

Dieses seltene Tier ist hervorragend an das Leben im Gebirge angepasst. Es hat ein **gesprenkeltes Fell** und kann sich leicht zwischen Felsen und Schnee verstecken. Breite, behaarte Pfoten schützen den Schneeleoparden vor Schnee und verhindern, dass er auf den Felsen ausrutscht. Aufgrund seiner kräftigen Hinterbeine kann dieser exzellente Jäger auch sehr gut springen. ▸

DSCHELADA

Diese Verwandten der Paviane leben im Hochland von Äthiopien und sind hervorragende Kletterer. Nachts schlafen sie in großen Herden in Felsvorsprüngen, wo sie vor Äthiopischen Wölfen geschützt sind. Was für kluge Kerlchen! ▴

YAK

Yaks haben kein Problem damit, in den Bergen zu leben, da sie durch ihr **langes, zottiges Fell** vor Kälte geschützt sind. Aber nicht viele Leute wissen, dass der Körper eines Yaks so gut an große Höhen angepasst ist, dass dieses Tier gar nicht in niedriger gelegenen, wärmeren Regionen leben könnte, ohne krank zu werden. In der Regel bleiben Yaks in einer Höhe von 6.000 m. Sie haben ein ziemlich großes Herz und sehr gut entwickelte Lungen, weshalb sie dort oben im Vergleich zu uns Menschen ohne Mühe atmen können. ▴

LAMA

Lamas leben in den Anden, wo das Wetter so wechselhaft ist wie an keinem anderen Ort der Erde. Man braucht nur zu blinzeln und schon bricht ein Sturm los, es wird kälter und fängt an zu schneien. Da Lamas ein dickes Fell haben, lassen sie sich durch solche Wetteränderungen nicht aus der Ruhe bringen. ◂

KLEINER PANDA

Im Gegensatz zu anderen Bärenarten, die die kalte Jahreszeit einfach verschlafen, können sich Kleine Pandas diesen Luxus nicht leisten. Wenn es Winter wird auf den hoch gelegenen Berghängen, an denen sie leben, suchen sie stattdessen nach Futter – **Bambus**, ohne in tiefer liegende Regionen zu wandern, da sie dort kein Futter finden würden. Ein dichtes Fell und behaarte Pfoten schützen sie vor der Kälte. ▼

Zwei Kleine Pandas

SCHNEEZIEGE

Diese Tiere gehören zu den besten Kletterern unter den Bergbewohnern. Sie haben spezielle **Hufe** mit beweglichen Zehen, mit denen sie mühelos das Gleichgewicht halten können. Das dicke Fell schützt sie vor Kälte und scharfen Winden. Und die helle Farbe ist auch noch eine gute Tarnung im Schnee! ▼

Hervorragender Bergsteiger

STREIFENGANS

Diese fliegenden Draufgänger gehören zu den **Vögeln, die am höchsten fliegen**. Den Sommer über bleiben sie auf Bergwiesen, aber dann brechen sie auf, um die kalte Jahreszeit in ihrem Überwinterungsgebiet zu verbringen. Auf dem Weg durchqueren sie sogar den Himalaja! Sie haben eine große Flügelspannweite und hören während des gesamten Flugs nicht auf, mit den Flügeln zu schlagen. Diese Superflieger haben kein Problem mit dem Sauerstoffmangel in großer Höhe. ▲

REGENWALD

GRÜNE VEGETATION VOLLER LEBEN

Hohe Temperaturen, hohe Luftfeuchtigkeit und Grün, so weit das Auge reicht. Das ist der Regenwald – ein Ort, an dem es so heiß ist wie in der Wüste, aber Regen die Regel und nicht die Ausnahme ist. Da mehr als genug Wasser vorhanden ist, gibt es in Regenwäldern eine unglaubliche Vielfalt an Pflanzen und Tieren. Wie kommen dort alle zurecht? Sind sie hier nicht größeren Gefahren ausgesetzt als in anderen Habitaten? Komm mit in den Regenwald und lerne seine Bewohner kennen!

VERSTECKEN IST DIE HALBE MIETE

Versteckspielen zwischen so vielen Pflanzen macht großen Spaß. Aber im Regenwald ist es eigentlich kein Spiel, sondern eher der Versuch, nicht als Raubtierfutter zu enden. Einige Tiere lösen dieses Problem, indem sie hoch oben in den Baumkronen leben, außerhalb der Reichweite von Raubtieren. Andere vertrauen auf ihre Schutzfärbung, die sie so gut wie unsichtbar macht. ▼

HOCH OBEN

Viele Bewohner des Regenwalds können **sowohl am Boden als auch in den Baumkronen** leben. Sicherer sind sie allerdings oberhalb des Waldbodens. Das liegt daran, dass sie für ein Leben in luftiger Höhe besser ausgerüstet sind: Die Tiere haben kräftige Vorderbeine, mit denen sie hervorragend an Bäumen hinaufklettern können. Und wenn sie einen Schwanz haben, dient er als „dritte Hand", mit der sie sich an Ästen festhalten. ▼

GEFAHREN DES DSCHUNGELS

In einem Dschungel gibt es mehrere **Ebenen**. Die unterste ist feucht und dämmrig und nur wenige Sonnenstrahlen dringen bis hierher durch. In den Baumkronen dagegen tobt das Leben. Menschen müssen hier allerdings ständig auf der Hut sein – in der dichten Vegetation kann sich so gut wie alles verstecken. ▲

AUFFALLEN ODER NICHT?

Was meinst du: Ist es besser, nicht gesehen zu werden, oder sollte man besser auffallen? Im Regenwald kann man beides. Einige Tiere sind von Blättern, Zweigen oder Blüten nicht zu unterscheiden. Fell oder Haut in neutralem Grün oder Braun ist auch nicht zu verachten. Andere Tiere sind wiederum richtig bunt. Aber ziehen sie dadurch nicht zu viel Aufmerksamkeit auf sich? Ganz im Gegenteil, das ist sogar ziemlich klug. Entweder handelt es sich dabei um giftige Tiere oder sie ahmen die Färbung einer tatsächlich giftigen Art nach, um nicht gefressen zu werden. ▼

Orchideenmantis

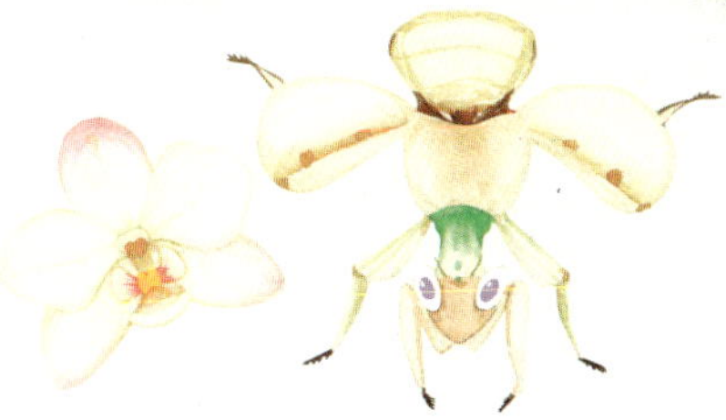

Baumsteigerfrosch

UREINWOHNER

Regenwälder sind die Heimat vieler indigener Völker, die auch heute noch in völliger Harmonie mit der Natur leben und noch nie mit modernem Komfort in Berührung gekommen sind. Der Regenwald ist ihr Zuhause und deshalb kennen sie ihn auch in- und auswendig. Die Männer des Yanomami-Volkes zählen zu den besten Jägern der Welt, da sie selbst das kleinste Geräusch hören und ein Tier mit tödlicher Präzision treffen können. ◄

WAS IST EIN REGENWALD?

Obwohl Regenwälder nur etwa drei Prozent unserer Erde bedecken, findet man dort eine ungeheure Vielfalt an Pflanzen und Tieren. Und warum ist das so? Weil es in den Regenwäldern jeden Tag regnet und weil häufig die Sonne scheint, können die Pflanzen sehr schnell und sehr hoch wachsen. Regenwälder werden auch die **Lungen der Erde** genannt, weil eine derart große Menge an Pflanzen sehr viel Sauerstoff produziert. Die meisten Tiere findet man hoch oben in den Baumkronen. ►

REGENWALDBEWOHNER

EIN LEBEN IN DEN BAUMKRONEN

Ist das eine Hand oder ein Schwanz?

JAGUAR

Die **Flecken** auf dem Körper des Jaguars sind eine perfekte Tarnung im Regenwald. Diese Großkatze lebt auf dem Waldboden, wohin nur wenig Sonnenlicht dringt. Das Spiel aus Licht und Schatten ist für diesen Jäger sehr von Vorteil. Kein Wunder, dass der Jaguar zu den größten Raubtieren im Dschungel zählt. Er bewegt sich lautlos auf seinen dicken Pfoten fort und greift blitzschnell an. Jaguare können sogar auf Bäume klettern und überraschen ihre Beute, indem sie von oben herabspringen und angreifen. ►

GEOFFROY-KLAMMERAFFE

Dieses Tier gehört zu den geschicktesten der auf Bäumen lebenden Affen. Es hat **lange Finger**, die ähnlich funktionieren wie Haken, der Affe hängt sich einfach an einen Baum und schwingt sich dann von Ast zu Ast. Sein langer Schwanz dient als eine Art „dritte Hand", mit der das Tier besseren Halt an Ästen findet, wenn es durch die Baumkronen klettert. ▲

ROTAUGENLAUBFROSCH

Dieser Frosch gehört zu den buntesten Amphibien der Erde. Am Tag **tarnt** er sich, indem er völlig reglos sitzen bleibt und seine Position über lange Zeit nicht verändert. Die Beine legt er dabei eng an den Körper an, die roten Augen hält er geschlossen. Wenn er so dasitzt, kann man ihn unmöglich von einem Blatt unterscheiden. Rotaugenlaubfrösche haben weiche Polster an ihren Füßen, mit denen sie an Blättern haften. Diese Tiere können hervorragend springen und klettern. ▼

Zufriedenes Faultier

BRAUNKEHL-FAULTIER

Dieser lächelnde Adonis fühlt sich hoch oben in den Baumkronen so richtig zu Hause. Die Finger eines Faultiers haben lange, gebogene Krallen, mit denen es mühelos von Ästen herabhängen kann. Das Fell hat eine unauffällige Farbe, die häufig auch noch einen leichten Grünstich von den darin wachsenden Algen hat. Außerdem sind Faultiere sehr ruhig und bewegen sich nur ganz langsam, was sie zu perfekten, gut getarnten Dschungelbewohnern macht. ◄

ORCHIDEENMANTIS

Hast du dieses Insekt für eine hübsche Blume gehalten? Eine Orchideenmantis ist eine Fangschreckenart, die wie eine Orchideenblüte aussieht. Diese **Tarnung** ist einfach perfekt – sogar ihre Beine sehen aus wie Blütenblätter. Eine Orchideenmantis benutzt ihr Aussehen, um Bestäuber anzulocken, beispielsweise Bienen und andere Insekten, und sie zu fressen. ▸

HELLROTER ARA

Diese **bunte** Schönheit kann man gar nicht übersehen! Und doch ... obwohl dieser Vogel vor allem rote Federn hat, sorgen die gelben und blauen Partien dafür, dass er mit den Blättern, Blüten und Früchten in seiner Umgebung verschmilzt. Diese Papageien sind groß, haben kräftige Flügel und können schnell fliegen. Mit ihren starken Krallen halten sie sich an Ästen fest, aber sie benutzen diese auch, um verschiedene Gegenstände zu greifen und zu untersuchen – zum Beispiel Nüsse, die sie mit ihrem scharfen Schnabel problemlos knacken können. ▸

NÖRDLICHES KUGELGÜRTELTIER

Obwohl es im Dschungel sehr gefährlich sein kann, braucht sich dieser kleine Kerl keine Sorgen zu machen. Sein Körper ist mit Knochenplatten überzogen, die einen **Panzer** bilden. Das Gürteltier muss sich nur zusammenrollen und schon kann ihm nichts mehr passieren. ◂

POLARREGIONEN

KÖNIGREICH AUS EIS UND SCHNEE

Es ist bitterkalt, weiß und eisig, so weit das Auge reicht. Auf dem Wasser treiben Eisschollen und Eisberge ragen hoch über der Oberfläche. Man muss schon viel Glück haben, um hier irgendwo eine Pflanze zu entdecken. Die Tiere dort sind etwas ganz Besonderes – sie können nicht nur problemlos in diesem eisigen Königreich überleben, sondern sind auch nirgendwo sonst auf der Welt zu finden.

WIE KANN MAN BEI DER KÄLTE ÜBERLEBEN?

So gut wie kein Grün, dazu noch **Schnee und ewiges Eis** … das klingt nicht sehr idyllisch, stimmt's? Aber wie kommen die Bewohner damit zurecht? In kälteren Regionen fallen äußere Körperteile – zum Beispiel Ohren, Schwanz oder Schnabel – bei vielen Tieren kleiner aus, um nicht zu erfrieren. Eine helle Färbung hilft den Tieren dabei, sich im Schnee zu tarnen und vor Räubern zu verstecken – oder Beute zu fangen. ▲

WO LIEGEN DIE POLARREGIONEN?

Jenseits des Polarkreises natürlich. Die südliche Region wird **Antarktis** genannt und die nördliche **Arktis**, damit man sie nicht verwechselt. An jedem Pol gibt es andere Tiere: Pinguine zum Beispiel rutschen am Südpol auf dem Bauch, während sich am Nordpol Eisbären auf den Schollen tummeln. Aber eines ist beiden Polen gemein: Sie gehören zu den unwirtlichsten Gebieten der Erde. ▶

GEFAHREN IN EIS & SCHNEE

An den Polen ist es bitterkalt und der Boden ist das ganze Jahr über gefroren. Deshalb wachsen dort auch nur sehr wenige Pflanzen. Die nördlichsten Gebiete sind sogar von einer dicken Schicht aus ewigem Eis bedeckt! Tiere, die hier leben, findet man nirgendwo sonst. Einheimische Vögel und Säugetiere sind sehr gut an das Leben unter derart feindlichen Bedingungen angepasst. ◀

KOMM KUSCHELN

Reicht das warme Federkleid nicht aus, kommen treue Freunde zu Hilfe. Wenn sich viele Mitglieder derselben Art **zusammendrängen**, geht keine Wärme verloren und alle haben es schön warm. In der Mitte der Gruppe ist es am wärmsten, deshalb fühlen sich die Küken dort wie in einer Sauna. ▼

VIEL HILFT VIEL

Eine dicke Schicht aus Fell, Federn oder Unterhautfett ist unbedingt notwendig. Man kann getrost davon ausgehen, dass sich hier niemand Gedanken darüber macht, zu viel Fett zu essen. Der Körperbau der Tiere ist so angepasst, dass Arme und Beine nicht durch Frost geschädigt werden und es zu keinem unnötigen Wärmeverlust kommt. ▼

INUIT – WINTERLIEBHABER

Es gibt Menschen, die schon seit langer Zeit im Land des ewigen Eises leben. Sie werden Inuit genannt, sind aber auch unter der Bezeichnung Eskimo bekannt. Früher waren ihre Häuser – Iglus – aus Eisblöcken! Die Iglus waren so gebaut, dass die Bewohner vor Kälte und Wind geschützt waren. Inuit sind nicht nur gute Baumeister, sondern auch Jäger, die mit Hundeschlitten unterwegs sind. ▲

BEWOHNER DER POLARREGIONEN

ECHTE WINTERSCHWIMMER

KAISERPINGUIN

Diese fluguntauglichen Vögel, die als einzige Vögel den Winter in der Antarktis verbringen, haben ihr Familienleben straff organisiert: Das Weibchen legt ein Ei und geht dann für längere Zeit auf die Jagd. Bis zu seiner Rückkehr kümmert sich das Männchen um das Ei und trägt es auf den Füßen unter einer Bauchfalte, damit es nicht auskühlt. Um sich zu wärmen, drängen sich Kaiserpinguine in Gruppen zusammen und wechseln sich ab, damit jeder einmal in die warme Mitte kommt. Wenn die Mütter wieder da sind, nehmen sie den Platz der Väter ein, die dann selbst auf die Jagd gehen. ▸

MOSCHUSOCHSE

Ein Moschusochse hat ein **doppellagiges Fell**. Die untere Schicht ist kürzer und dient zur Wärmeisolation, während die obere länger ist und das Tier vor heftigen Winden schützt. Moschusochsen fühlen sich am wohlsten, wenn sie mit ihrer Herde zusammen unterwegs sind: Wenn ein Wolf sich nähert, scharen sich die Tiere um ihre Kälber und stellen sich so hin, dass ihre spitzen Hörner zum Feind zeigen. ◂

POLARFUCHS

Der Pelz der Polarfüchse gehört zu den dicksten und wärmsten Fellen aller Tierarten. Im Sommer ist der Fuchs graubraun, damit er sich zwischen den Felsen in seiner Umgebung besser tarnen kann, aber im Winter wird das Fell weiß, sodass man das Tier in Eis und Schnee kaum erkennen kann. ▾

EISBÄR

Dieser majestätische Bewohner des Nordpols – der Arktis – gehört zu den größten Raubtieren der Welt. Eisbären brauchen sehr fettige Nahrung, um ihre dicke Schicht Unterhautfettgewebe zu erhalten, von der sie gewärmt werden. Das Tier ist sowohl im Wasser als auch auf dem Festland sehr beweglich – die behaarten Pfoten verhindern, dass es auf dem Eis ausrutscht und die hohlen, mit Luft gefüllten Haare seines Fells sorgen im Wasser für Auftrieb. ▴

ROBBE

So ein süßer Fratz! Robbenbabys bewegen sich sehr lustig, was daran liegt, dass ihre Flossen noch zu groß für sie sind. Aber wenn die Jungen ausgewachsen sind, können sie hervorragend schwimmen und tauchen! Robben verbringen viel Zeit im Wasser unter Eis, wo sie nach Futter und Schutz vor Räubern suchen. Sie haben Glück, dass sie von einer Fettschicht und dichtem Fell gewärmt werden. ▶

WALROSS

Diesen schnurrbärtigen Adonis sieht man häufig in Gesellschaft seiner Artgenossen auf Eisschollen herumliegen. Seine zähe, runzlige Haut mit einer dicken Schicht Unterhautfettgewebe ist gut an die Kälte angepasst und deshalb wird es dem Walross auch nicht kalt. Auffällig sind auch der **Schnurrbart** und die **Stoßzähne**. Die Schnurrhaare sind so empfindlich wie unsere Finger! Walrosse benutzen ihre kräftigen Stoßzähne nicht nur zur Selbstverteidigung, sondern auch als eine Art Axt, wenn sie aus dem Wasser heraus auf Eisschollen kriechen oder Löcher ins Eis hauen. ▼

SCHNEEEULE

Die weiße, nur dezent gemusterte Färbung der Männchen hat nicht nur dekorative Zwecke, sondern dient vor allem dazu, den Vogel mit seiner Umgebung verschmelzen zu lassen. Das sehr dichte Gefieder und die befiederten Füße und Zehen schützen die Schneeeule zudem vor der bitteren Kälte. ▲

WÄLDER

KÖNIGREICH DER BÄUME

Wälder wachsen überall auf der Welt, trotzdem sollten wir sie schätzen und pflegen. Sie produzieren nicht nur große Mengen des Sauerstoffs, den wir einatmen, sondern beherbergen auch viele nützliche Tiere. Wenn du im Wald spazieren gehst, solltest du leise sein, sonst störst du sie unnötig. Vielleicht hast du Glück und siehst ein Eichhörnchen, ein Reh oder einen Dachs. Außerdem kannst du dort einen Korb Pilze, Früchte oder Kräuter pflücken.

WIE ÜBERLEBEN TIERE IM WALD?

Tiere im Wald müssen sich an die wechselnden Jahreszeiten gewöhnen. Im Frühling, Sommer und Herbst ist ihr Leben in der Regel recht einfach, da es überall genug Futter gibt und das Wetter gut ist. Das ändert sich jedoch, wenn der Winter kommt und die Waldbewohner zwingt, die kalten Monate so gut es geht zu überstehen. In der Regel haben diese Tiere eine **Färbung**, die ihnen dabei hilft, sich in ihrer Umgebung zu tarnen. ▸

WIE SIEHT DAS LEBEN IM WALD AUS?

Im Wald gibt es eine Menge grüner Pflanzen, angefangen bei kurzem Gras und kleinen Sträuchern bis hin zu ausgewachsenen Bäumen. In Wäldern gibt es keinen Mangel an Feuchtigkeit und Futter, vor allem nicht im Frühling und Sommer. Die Tiere müssen mit den **wechselnden Jahreszeiten** zurechtkommen, in deren Verlauf Laubbäume ihre Blätter verlieren, um sich auf den Winter vorzubereiten. Nadelbäume dagegen werfen ihr Laub nicht ab. Trotzdem ist es eine unumstößliche Tatsache, dass die Natur im Winter schläft. ▾

WELCHE ARTEN VON WÄLDERN GIBT ES?

Es gibt Laubwälder, Nadelwälder und Mischwälder (in Mischwäldern kommen beide Baumarten vor). Die meisten Wälder liegen in der gemäßigten Klimazone, was bedeutet, dass das Wetter dort besser ist. Wenn du dich weiter nach Norden wagst, wirst du schneebedeckte Wälder oder Taigas finden, wo ein etwas kälteres Klima herrscht. Egal, über welche Art von Wald wir sprechen, du wirst immer eine Menge Tiere darin finden, die sich dort bestens auskennen. ◂

EINER FRISST, DER ANDERE SCHLÄFT

Einige Tieren mögen es nicht, einfach nur herumzusitzen und Däumchen zu drehen. Stattdessen tun sie ihr Bestes, um für harte Zeiten vorzusorgen, die mit Sicherheit kommen werden. Eichhörnchen zum Beispiel sammeln verschiedene Nussarten, die sie im Winter gut gebrauchen können. Andere Tiere halten Winterschlaf und warten, bis der Winter vorbei ist. Dazu müssen sie sich nur Winterspeck anfressen, einen Unterschlupf suchen und bis zum Frühjahr schlafen. ▼

HIN UND WIEDER ZURÜCK

Und was ist mit den Vögeln? Was machen sie? Bevor der Winter einbricht, ziehen die meisten insektenfressenden Vögel **in wärmere Regionen**, wo sie es warm haben und genügend Futter finden. Wenn der Winter vorbei ist, kehren sie alle wieder nach Hause zurück. Die meisten der Vögel, die nicht in mildere Regionen abwandern, legen sich ein wärmeres oder dickeres Gefieder zu. ◀

HÜTTENBEWOHNER

In Wäldern leben viele Menschen, aber nicht jeder kann so harmonisch mit der Natur zusammenleben wie die kanadischen Holzfäller. Sie fällen zwar Bäume, aber wohnen in Blockhütten, die die Natur so wenig wie möglich beeinträchtigen. ▶

WALDBEWOHNER

FLEXIBLE MIETER

EICHHÖRNCHEN

Dieses flinke Tierchen ist gut für ein Leben im Wald gerüstet, vor allem im Winter. Bevor der Winter anbricht, **sammelt** das Eichhörnchen Nüsse und lagert sie für harte Zeiten. Damit seine Ohren warm bleiben, wächst ihm im Winter ein längeres Fell. Hoch oben in den Bäumen sind Eichhörnchen in ihrem Nest gut getarnt. ▼

BRAUNBÄR

Abgesehen von der Winterruhe schützen sich Bären mit ihrem dicken, warmen Fell, ihren pelzigen Pfoten und einer guten körperlichen Verfassung vor der Kälte. Obwohl sie sich Winterspeck anfressen und eine dicke Schicht Unterhautfettgewebe bekommen, können sie nie ganz sicher sein, dass sie beim Schlafen nicht doch Hunger bekommen! ▲

WILDSCHWEIN

Diese zufriedene Familie hat alles richtig gemacht; vor allem die Frischlinge sind so gefärbt, dass sie mit den Pflanzen in ihrer Umgebung praktisch verschmelzen. Wildschweine haben eine **kräftige, kleine Schnauze**, mit der sie Wurzeln, Knollen und Insektenlarven ausgraben. Da sie Allesfresser sind, brauchen sie sich um ihr Futter im Winter keine Sorgen zu machen. Übrigens: Ihr Fell wird dunkler und dicker, um sie im Winter warm zu halten. ▼

WINTERSCHLÄFER

Einige Tiere wie Igel oder Siebenschläfer **verschlafen** den Winter einfach, das nennt man dann Winterschlaf. Siebenschläfer suchen sich ein Versteck, rollen sich zusammen und benutzen ihren Schwanz als Bettdecke. Manche Tiere halten allerdings nur Winterruhe, das heißt, sie wachen mitten im Winter auf, suchen sich etwas zu fressen und gehen dann wieder ins Bett. Das machen zum Beispiel Bären und Dachse! ▲

LUCHS

Dieses hübsche Tier findet man in hoch gelegenen nördlichen Wäldern. Sein **schönes**, **dichtes Fell** schützt den Luchs vor schlechtem Wetter und sorgt außerdem dafür, dass er sich auf der Jagd gut tarnen kann. Der Luchs hat breite, behaarte Pfoten, die wie Schneeschuhe funktionieren und verhindern, dass er im Schnee einsinkt. Findest du seine Ohren lustig? Dann überrascht es dich vielleicht zu erfahren, dass diese schwarzen Haarbüschel an der Spitze sein Hörvermögen verbessern! ▸

SPECHT

Den **Waldarzt** dürfen wir nicht vergessen: es ist der Specht! Spechte teilen uns mit, ob der Wald gesund ist oder nicht. Sie sind großartig ausgerüstet, um die Bäume zu behandeln: ein kräftiger, scharfer Schnabel, mit dem sie das Holz bearbeiten, eine schnelle Zunge, mit der sie hin und wieder eine Leckerei hinter der Rinde hervorholen, zwei Kletterfüße und lange Schwanzfedern, auf die sie sich stützen. Spechte meißeln sogar Hohlräume in Bäume und leben darin! ▾

ELCH

Elche findet man vor allem in nördlich gelegenen Wäldern. Diese majestätischen Tiere haben lange, schlanke Beine, mit denen sie schnell rennen und hervorragend schwimmen können. Die Hufe sind zweigeteilt, damit der Elch leichter das Gleichgewicht halten kann und nicht in Schneewehen versinkt. Die Männchen haben ein **großes**, **schönes Geweih**, das jeden abschreckt, der auf die Idee kommen könnte, den Elch herauszufordern. Da es jedoch eine Menge Energie verbraucht, dieses Geweih wachsen zu lassen, stößt der Elch es vor Beginn des Winters ab. ▴

MEERE

LEBEN UNTER WASSER

Für Meeresbewohner ist das Leben im Ozean gar nicht so einfach. Sie müssen herausfinden, wie sie sich am besten tarnen, verstecken und Futter finden können. Und das alles, ohne die Aufmerksamkeit größerer Tiere zu erregen, die vielleicht gerade nach ihrem Abendessen suchen. Unter Wasser geht es ziemlich hektisch zu: Fischschwärme schwimmen umher, schöne Korallenriffe ziehen viele seltsame Kreaturen an und furchtlose Räuber sind auf der Jagd.

GEFAHREN IM WASSERREICH

Die Vorstellung, in azurblauem Wasser zu leben, klingt fantastisch, aber dort gibt es **viele Gefahren**. Schutz findet man nur am Meeresboden; jeder, der sich zufällig im offenen Meer wiederfindet, muss damit rechnen, dass andere Jagd auf ihn machen. ▼

WASSER IST NICHT GLEICH WASSER

Wir gehen jetzt auf eine Reise unter die Oberfläche der Meere und Ozeane. Allerdings gibt es überall auf der Welt Stellen mit **Süßwasser** – zum Beispiel Seen, Flüsse, Teiche, ja sogar Gletscher. Tiere und Pflanzen leben jeweils in ihrem eigenen Wasserreich. Und dann muss man noch berücksichtigen, dass das Wasser in den meisten Flüssen irgendwann einmal ins Meer fließt! ▲

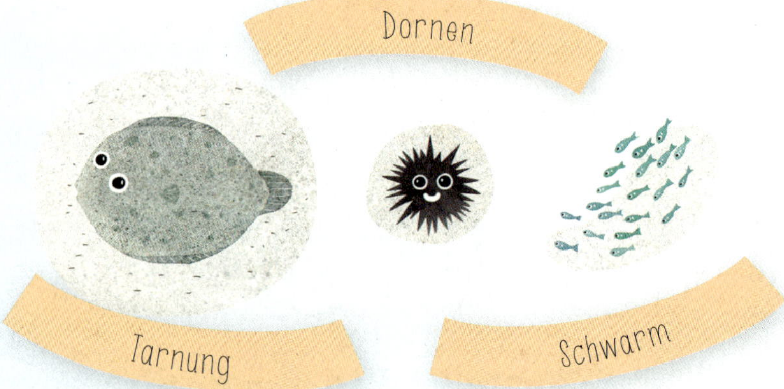

ÜBERLEBEN UNTER WASSER

Wie vermeidet man diese Gefahren? Da hat jeder seine eigene Strategie: Einige tarnen sich, damit sie nicht entdeckt werden, andere wiederum prahlen mit ihrer Schönheit. Einige verstecken sich irgendwo, andere dagegen schwimmen in großen Schwärmen – schließlich ist man gemeinsam stärker! Und die zähsten unter den Meeresbewohnern verlassen sich auf ihre stachligen Dornen oder ihr Gift, um Feinde abzuschrecken. ◀

EINE FLOSSE HIER, EINE KIEME DA

Die meisten Meeresbewohner haben **perfekt angepasste Körper**, mit denen sie mühelos schwimmen, jagen und sich ausruhen können. Haie besitzen außerdem hervorragende Sinne und sind daher außerordentlich gute Jäger. Andere Tiere wiederum können sich super im Sand verstecken, wo niemand sie bemerkt. Und der Tiefseefisch? Diese sonderbaren kleinen Monster können sogar dann noch jagen, wenn es um sie herum stockdunkel ist, und kommen auch mit extremen Temperaturen und hohem Druck zurecht. ▼

MEERESVÖLKER

Einige Menschen, die auf Inseln leben, die völlig vom Wasser umgeben sind, fühlen sich sehr wohl darin. Die Moken beispielsweise kommen sehr gut im Meer zurecht: Sie fahren mit Fischerbooten hinaus, um Fische zu fangen. Sie wissen ganz genau, wo sie die meisten Fische finden, und sind unglaublich geschickte Jäger. Diese Fischer sehen sogar im tiefen Wasser noch sehr gut und sind sehr erfolgreich bei der Jagd! ▼

LEBEN UNTER WASSER

Meeresbewohner wenden verschiedene **Tricks** an, um das Leben unter Wasser bequemer zu machen: Einige haben eine gleichbleibende Körpertemperatur und können in warmem und kaltem Wasser bleiben, ohne dass es ihnen etwas ausmacht. Die meisten Unterwassertiere trinken das Wasser nicht, sondern beschaffen sich auf andere weise Flüssigkeit. Und natürlich wissen sie, wie man miteinander kommuniziert, auch wenn man dabei unter Wasser schwimmt! ▲

MEERESBEWOHNER

IMMER AUF DER HUT

GRÜNE MEERESSCHILDKRÖTE

Die vorderen Schwimmflossen dieser Schildkröte dienen als Paddel und machen das Schwimmen zum Kinderspiel! Grüne Meeresschildkröten sind hervorragende Taucher. Diese Tiere bekommen die benötigte Flüssigkeit entweder aus ihrem Futter oder indem sie Salzwasser schlucken und dann das überschüssige Salz in Form von Tränen wieder ausscheiden. Wenn Schildkröten Eier legen, kriechen sie aus dem Meer heraus an einen Strand. An Land sind sie langsam und völlig ungeschützt, daher kehren sie danach auch sofort wieder ins Meer zurück. Schildkröten „wissen", dass ihre Jungen nach dem Schlüpfen sofort in Richtung Meer krabbeln. ▸

SKORPIONFISCH

Diese kleinen Raubfische sieht man meistens am Meeresboden, wo sie den ganzen Tag lang geduldig warten, perfekt getarnt. Wenn die Nacht hereinbricht, geht der Skorpionfisch auf die Jagd. Abgesehen von seiner hervorragenden Tarnung, die ihm dabei hilft, mit den Korallenriffen in der Umgebung zu verschmelzen, verlässt sich der Fisch auch auf seine Schnelligkeit, sein großes Maul und das Überraschungsmoment. ▸

HAI – EIN AUSGEZEICHNETER JÄGER

Haie besitzen **unglaublich gut ausgeprägte Sinne**. Mit ihrem hervorragenden Geruchssinn können sie einen einzelnen Blutstropfen bereits aus großer Entfernung riechen! Auch ihr Körper ist sehr gut an das Leben im Meer angepasst, sowohl was die Form als auch was die „Ausrüstung" angeht: Ihre Haut und die Form ihrer Flossen sorgen dafür, dass sie einfacher und schneller schwimmen können, während das Seitenlinienorgan dabei hilft, Bewegungen, Wellenbewegungen oder Vibrationen wahrzunehmen, und so das Hören verbessert. ▴

BLAUWAL & PLANKTON

Blauwale sind die **größten Tiere**, die jemals auf der Erde gelebt haben. Wie sieht ihr Leben aus? Sie ziehen ungestört durch die Weltmeere und brauchen sich um keine anderen Tiere Gedanken zu machen. Es ist bemerkenswert, dass sie sich von kleinen Lebewesen ernähren, die Plankton genannt werden: Der Wal öffnet einfach sein Maul, lässt Wasser hereinströmen, das er anschließend filtert, und schluckt dann den Rest hinunter, der aus Plankton besteht. ◂

DELFIN

Delfine sind **sehr kluge Meeresbewohner**. Die Färbung ihrer Haut sorgt dafür, dass sie gut getarnt sind: Von oben gesehen verschmilzt der dunkle Rücken mit dem dunklen Blau des Meeres, und wenn man von unten auf sie hinaufschaut, ähnelt ihr heller Bauch der hellen Wasseroberfläche. Delfine benutzen ihre Flossen als Ruder oder Bremse. Sie können auch hervorragend springen! Ultraschallwellen helfen dem Tier dabei, sich zurechtzufinden und mit anderen Delfinen zu kommunizieren. ◂

MEISTER DER VERWANDLUNG

Ist das ein Plattfisch? Oder eine Seeschlange? Moment mal, das ist doch ein **Krake**! Der Krake ist ein echter Verwandlungskünstler. Er kann andere Tiere nachahmen, um seinen Feinden zu entkommen. Und wenn das nicht hilft, kann er immer noch die Flucht ergreifen. ◂

TIEFSEETEUFEL

Wenn wir sehr tief tauchen – so weit nach unten, dass das Sonnenlicht nicht mehr zu sehen ist, wo ewige Dunkelheit und hoher Druck herrschen –, begegnen wir **seltsamen Kreaturen**. Der Tiefseeteufel zum Beispiel ist mit einem großen Maul und kräftigen Zähnen ausgestattet, denen keine Beute entkommt. Das Bemerkenswerteste ist jedoch, dass dieser Fisch seine Beute mit seinem Leuchtorgan anlockt, das aussieht wie eine Lampe oder eine kleine Angelrute. ▸

GRASREGIONEN

GRAS HIER, STRAUCH DA

Wir sind in der afrikanischen Savanne, die zu den bekanntesten Grasregionen der Welt zählt. Ähnliche Regionen findet man in Amerika, Asien und Australien. Und was haben sie gemeinsam? Alle haben ein trockenes Klima, viel Sonne, Gras, Sträucher und sogar ein paar Bäume hier und da. Die Bewohner dieser Gebiete kommen nicht nur mit dem Wechsel von Trocken- und Regenzeit zurecht, sondern auch mit der Tatsache, dass es immer jemanden gibt, der sie unbedingt fressen möchte.

STEPPE ODER SAVANNE?

Grasregionen haben viele Namen und die richtige Bezeichnung hängt von der Lage ab. Aber eigentlich ist es egal, ob man „Steppe", „Savanne" oder „Grasland" sagt – es sieht alles ziemlich gleich aus. Es ist weder eine Wüste noch ein Wald, eher etwas dazwischen. Regen ist in Grasregionen meist selten, weshalb dort vor allem robuste Gräser, Sträucher, aber hin und wieder sogar ein oder zwei Bäume wachsen. ◂

GEFAHREN DER SAVANNE

In der Savanne gibt es keine vier Jahreszeiten, sondern nur zwei: **Dürre** wechselt sich mit **Regenzeit** ab. Während der Trockenzeit regnet es nur selten oder überhaupt nicht und das bedeutet, dass Tiere und Pflanzen eine Möglichkeit finden müssen, ohne Wasser zu überleben. Außerdem können auch Buschfeuer ausbrechen! Wenn die Regenzeit anbricht und mehr als genug Feuchtigkeit vom Himmel fällt, beginnt alles wie verrückt zu wachsen. Allerdings können tiefer liegende Regionen dann überflutet werden. ▾

Trockenzeit

Regenzeit

ÜBERLEBEN IN DER SAVANNE

Schnelle Beine sind die Grundvoraussetzung für das Leben in der Savanne, in der es jede Menge Raubtiere mit gewaltigem Appetit gibt. Einige Tiere **tarnen** sich, um sich wenigstens ein bisschen unter freiem Himmel verstecken zu können. Versteckspielen im hohen Gras ist einfach der Hit! Tiere mit einem langen Hals oder einer guten Tarnung haben wirklich Glück! ▴

DÜRRE ODER REGEN, DAS IST UNS EGAL

Manche Tiere, aber auch manche Pflanzen können mit sehr wenig Wasser auskommen. Einige Pflanzen zum Beispiel haben sehr lange Wurzeln, die bis ins Grundwasser reichen. Andere haben **Wasserspeicher**. Dadurch bekommen sie immer die Flüssigkeit, die sie brauchen. Das trifft nicht nur auf Pflanzen zu, sondern auch auf Tiere! Viele Tiere legen weite Strecken zurück, um Wasser zu bekommen. ▼

Warnung

WACHPOSTEN

In der Savanne tobt das Leben – es gibt immer irgendwo ein paar Zebras, Antilopen oder andere Huftiere, die auf dem Gras weiden. Doch sie müssen ständig auf der Hut sein. Häufig tun sie sich mit anderen zusammen, um für mehr Sicherheit zu sorgen, beispielsweise mit Affen oder Straußen, von denen sie gewarnt werden, wenn Gefahr droht. Im hohen Gras versteckt sich vielleicht ein Löwe, ein Gepard oder ein anderes Raubtier, das darauf wartet, angreifen zu können. ◄

JÄGER UND SAMMLER

In den afrikanischen Savannen leben Völker, die entweder vom Sammeln (unter anderem Honig) oder von der Jagd (in der Regel mit Pfeil und Bogen) leben. Ihren traditionellen Lebensstil pflegen sie seit Urzeiten, daher kommen sie sehr gut in der Savanne zurecht. Inzwischen sind viele dieser Völker jedoch verschwunden, und mit ihnen auch ihre Traditionen und Gebräuche. ►

Mitglieder eines afrikanischen Volkes

BEWOHNER DER GRASREGIONEN

ZÄHE BURSCHEN

ZEBRA

Das Fell dieser **gestreiften Schönheit** spielt eine wichtige Rolle bei der Selbstverteidigung des Tiers. Wenn Zebras in einer Herde zusammen sind, ist es für Raubtiere schwieriger, sie auseinanderzuhalten, und das trotz der Tatsache, dass jedes Zebra ein unverwechselbares Muster hat! Zebras haben sehr gute Augen und Ohren und können ziemlich schnell rennen. Und wenn das Wasser knapp ist, wandern sie dorthin, wo es welches gibt. ▶

ELEFANT

Die großen Ohren des Elefanten dienen vor allem als Ventilator und kühlen das Tier ab. Der kräftige Rüssel ist sehr beweglich – der Elefant kann damit so gut wie alles hochheben und Wasser aufsaugen! Die runzlige Haut ist gut, wenn man sich einmal abkühlen muss und nachdem sich das Tier eine Weile im Schlamm gewälzt hat, machen ihm weder Sonne noch Insekten etwas aus. Elefanten passen sehr gut auf ihre Herde auf. Die Leitkuh erinnert sich sogar daran, wo man Wasser, Futter oder Schutz findet. Außerdem sind Elefanten so groß, dass niemand es wagt, sie herauszufordern! ▲

GIRAFFE

Diese langen Lulatsche haben einen Riesenvorteil: Mit ihrem **langen Hals** können sie sogar die Baumkronen erreichen, wo sie mit ihrer Zunge die saftigsten Blätter abzupfen und Wasser aus ihnen ziehen können. Im Gegensatz zu anderen Tieren braucht eine Giraffe kein trockenes Gras zu fressen. Aufgrund der Färbung ihres Fells kann sie sich gut tarnen und verschmilzt geradezu mit Blättern und Schatten. Wenn diese Tiere in einer Herde zusammen sind, wagt es kein Löwe, sie anzugreifen. Und als wäre das noch nicht genug, sind sie immer auf der Hut, eine Giraffe braucht nur 5 bis 30 Minuten Tiefschlaf am Tag. ▶

LÖWE

Diese majestätischen Jäger verbringen den größten Teil des Tages faul im Schatten. Erst wenn die Nacht hereinbricht und es kühler wird, gehen sie auf die Jagd. Das ist in der Regel Aufgabe der Weibchen, da diese schneller und geschickter sind als die Männchen. Löwen sind ausgesprochene Familientiere – sie jagen nicht nur im Rudel, sondern leben die ganze Zeit in Gruppen zusammen. Der furchtlose Löwe bewacht eifersüchtig seine Familie und brüllt wie verrückt, wenn ein ungebetener Gast auftaucht. ◀

TERMITEN

Ihre Nester bestehen aus einem Labyrinth von Zellen, darunter Küchen, Bauernhöfe, Speisekammern oder Kinderzimmer – es gibt alles! Das komplizierte Tunnelsystem funktioniert so ähnlich wie eine Klimaanlage und sorgt für eine gleichbleibende Temperatur im Nest. Auch andere Savannenbewohner finden die Nester sehr nützlich: als Wachturm, Treppe oder zur Nahrungsversorgung. Termiten werden dafür insgeheim von vielen beneidet. ▸

VÖGEL, DIE KEINE ANGST VOR FEUER HABEN

Fragst du dich, warum sich in der Nähe von Buschfeuern Vögel aufhalten? Warum flüchten sie nicht wie die anderen Tiere? Das liegt daran, dass man viele afrikanische Tierarten mit dem Phönix vergleichen kann – sie fliegen um das Feuer herum, weil sie dort Futter finden. Die Vögel fangen einfach die Käfer, die den Flammen entkommen sind. ▾

ERDFERKEL

Es sieht aus wie ein Ferkel, hat Ohren wie ein Kaninchen und schluckt Ameisen wie ein Staubsauger. Dürfen wir vorstellen: das Erdferkel! Am Tag schläft das Tier im Schatten, nur nachts kommt es aus seinem Versteck. Wenn das Erdferkel einmal unterwegs ist, benutzt es seine kräftigen Beine, um Ameisen und Termiten auszugraben, und fängt sie dann mit seiner **langen, klebrigen Zunge**. Diese Tiere können sehr gut graben und wenn Gefahr droht, buddeln sie blitzartig ein Loch in die Erde und verstecken sich darin! ▴

WIR KOMMEN ZURECHT

Wir haben jetzt herausgefunden, welche Methoden Tiere benutzen, um sich an ihren natürlichen Lebensraum anzupassen. Egal, ob es die Form ihrer Körper ist, die Färbung ihres Fells oder eine geschickte Tarnung – all das kommt ihnen in vielen gefährlichen Situationen zugute. Jetzt weißt du, warum manche Tiere ein zottiges Fell und eine helle Färbung haben und andere für sehr lange Zeit ohne Wasser auskommen können. Nun erfährst du noch ein paar Tricks, die sie in petto haben. Diese Tiere wissen, was man tun muss, wenn man in der Patsche sitzt!

NICHT MEIN DING

Auf den ersten Blick klingt es logisch, wenn man versucht, allem, was giftig ist, aus dem Weg zu gehen. Es gibt allerdings einige Tiere, die kein Problem damit haben, etwas Giftiges zu fressen. Der Flamingo zum Beispiel beschafft sich sein Futter, indem er im Wasser herumwühlt und alles Mögliche herausholt. Einige Gewässer haben einen so hohen Salzgehalt, dass du es an der Haut deiner Füße bemerken würdest. Den Füßen eines Flamingos kann das jedoch nichts anhaben – sie sind sehr widerstandsfähig! ▼

UND SCHON IST ES WEG!

Vögel sind nicht die Einzigen, die fliegen – andere Tiere können das auch, zum Beispiel Frösche, Schlangen, Fische oder Säugetiere! Na ja, genauer gesagt reden wir hier von gleiten. Gleiten macht die Fortbewegung erheblich einfacher und hilft häufig dabei, einem Feind zu entkommen. **Gleithörnchen** beispielsweise gleiten lautlos von Baum zu Baum. Dazu brauchen sie nur Beine und Füße auszustrecken und schon kann es losgehen … ▲

VERTEIDIGUNG GEGEN FEINDE

Wenn Tiere sich verteidigen müssen, steht ihnen manchmal ein ganzes Waffenarsenal zur Verfügung, beispielsweise Schutzfärbung, Nachahmung giftiger Arten oder giftige Stacheln. Igelfische gehen sogar noch einen Schritt weiter – sie ändern die Form ihres Körpers! Wenn ein Igelfisch sich aufregt, bläst er sich auf wie ein **stachliger Ballon**. ▲

DOPPELGÄNGER

Wir haben bereits gelernt, dass einige Tiere sich vor Gefahr schützen, indem sie mit ihrer Umgebung verschmelzen. Doch manchmal gehen **Tiere** noch einen Schritt weiter: Sie ahmen andere Tiere oder selbst leblose Dinge nach, um zu verhindern, dass sie zum Abendessen werden. Manche Käfer sehen aus wie Blätter und es gibt Schmetterlinge, deren Muster auf dem Flügel wie ein Augenpaar aussieht! ►

STOCKDUNKEL

Viele Tiere sind es gewohnt, im Dunkeln zu leben – Fledermäuse wohnen in finsteren Höhlen und kommen nur nachts heraus, um zu jagen. Um sich zurechtzufinden, benutzen sie ihren eingebauten Radar: Echoortung. Andere Tiere wie die Koboldmakis haben riesige Augen, mit denen sie in der Dunkelheit sehen können. Wenn wir dann noch ihr ausgezeichnetes Gehör berücksichtigen, ist es keine Überraschung, dass sie hervorragende Nachtjäger sind! ◄

FSC www.fsc.org RECYCLED Paper made from recycled material FSC® C117597

ISBN 978-3-7432-0048-7
1. Auflage 2019
erschienen unter dem Originaltitel
Why Penguins Don't Get Cold: How Animals Adapt to Their Surroundings

Text: Pavla Hanáčková
Umschlag- und Innenillustrationen: Linh Dao

Aus dem Englischen übersetzt von Bea Reiter
Umschlaggestaltung: Ramona Karl
Printed in Czech Republic

www.loewe-verlag.de